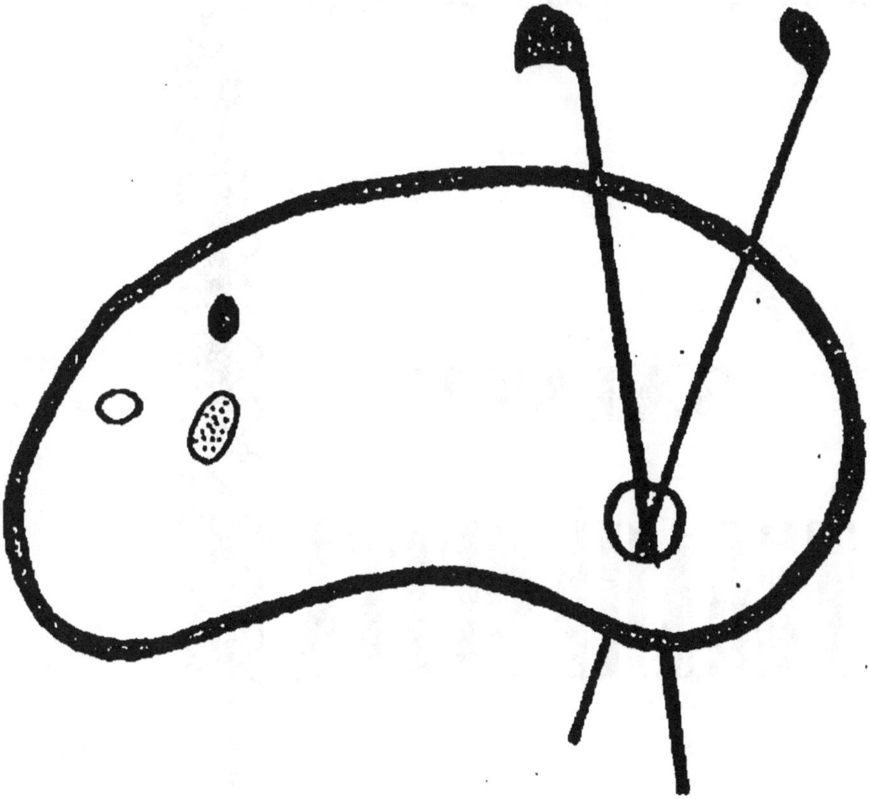

DEBUT D'UNE SERIE DE DOCUMENTS
EN COULEUR

SAINTE

TEGAHKOUITA

L27n 9411

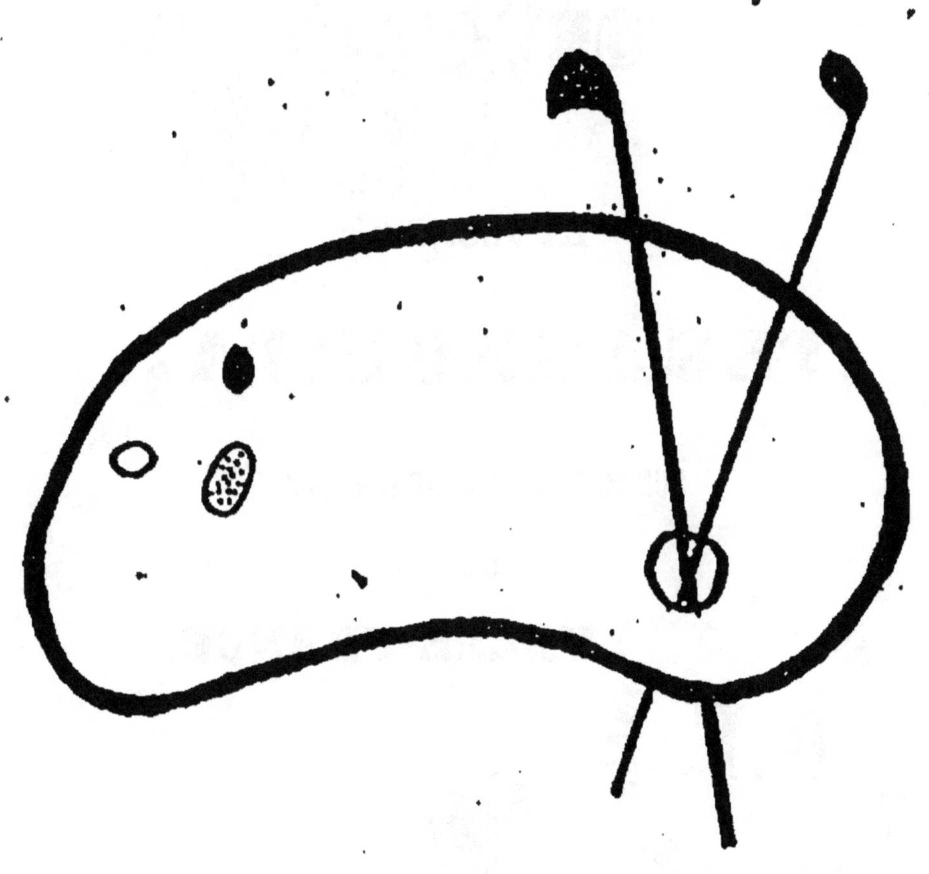

FIN D'UNE SERIE DE DOCUMENTS
EN COULEUR

DÉTAILS

SUR

LA JEUNE

TEGAHKOUITA,

SURNOMMÉE LA GENEVIÈVE

DE

VELLE-FRANCE.

R.F.
IMPRIMÉS.

2310

PARIS,
IMPRIMERIE DE GUILLOIS,
Faubourg St-Antoine, 123.

1848.

Ln27 19411

AUTHENTIQUE

PROVENANT DU TOMBEAU

DE SAINTE TEGAHKOUITA.

L'honorable missionnaire s'est servi d'un écu de six livres pour sa médaille qu'il avait préparée en usant le côté de l'écu; un trou a été fait en haut du revers de la tête qui représente Louis XIV dans sa minorité; la date qui est effacée doit être de 1647 ou 1648. Il a gravé une inscription latine probablement avec la pointe d'un poinçon ou d'une alène: cette médaille a été enduite de cire et enveloppée pour la garantir de la destruction; le trou que j'indique ci-dessus selon toute probabilité doit avoir été fait pour la suspendre à la sainte.

Je l'ai eue en possession pendant quinze ans: elle s'est trouvée dans des mitrailles d'argent destinées à la fonte: sa conservation est un miracle: cette pièce était oubliée : en 1847, faisant des recherches, elle s'est retrouvée par hasard. Voulant dégager la tête d'une croûte épaisse qui la masquait, je l'ai mise séjourner dans un vase contenant de l'essence, elle y resta fort longtemps; quand je la retirai, des écailles s'étaient détachées: faisant usage d'une brosse pour activer, je ne tardai pas à dégager la tête et le cordon, indiquant (Louis XIV roi de France et de Navarre.)

Du côté usé ayant fait disparaître la croûte, il fut facile d'apercevoir des petits points à certaine distance, avec le secours de la loupe et une forte aiguille; je parvins à déboucher ces piqures et je découvris des lettres et des chiffres qui, rassemblées, forment l'inscription suivante :

IN EIVS MEM. CATH. TEGAHKOVITA, NAT. ANN. M.DC.LVI, MORT. VIRG. ANN. XXIVAG. IN SALT. S. LVD. EPIGR. IN SEP. POSIT. VIRTVT. EIVS IMMORT. COMM.

La traduction a amené la découverte qu'il

était mention de cette sainte dans les lettres édifiantes des missions d'Amérique, renseignement que j'ai été fort long à me procurer. Convaincu de l'importance de ce que je possédais, cette médaille devait cesser de m'appartenir : je l'envoyai à Monseigneur l'archevêque de Paris, le 28 décembre 1847, accompagnée d'une partie des détails que je donne ci-dessus.

ARCHEVÊCHÉ DE PARIS.

Paris, le 30 décembre 1847.

MONSIEUR,

Je suis très reconnaissant de la pensée que vous avez eue d'offrir à mon diocèse la médaille que vous avez bien voulu m'envoyer ; je l'accepte avec plaisir et vous prie d'agréer l'assurance de ma considération distinguée.

DENIS **AFFRE**, Archevêque de Paris.

Monsieur NICOLLE, rue des Juifs, n° 11.

Possédant seul les documents précieux de cette sainte, je fus engagé par quantité de personnes pieuses à faire graver une médaille en son honneur; j'en remis une à Monseigneur l'Archevêque, j'en fis également le dépôt à la même date, au secrétariat du conseil de prud'hommes, 11 février 1848. Cette médaille représente sainte TÉGAHKOUITA dans le Ciel, demandant des grâces. L'inscription de la légende est: *Sainte* TÉGAHKOUITA, *Vierge bien-aimée de Dieu, ses prières sont exaucées*, 28 décembre 1847. Sur le revers une croix entourée de rayons; pour inscription: *Heureuse mission du Sault saint Louis, vous avez bien mérité de Dieu en travaillant pour sa gloire*, 1680.

NICOLLE, Editeur.

LETTRE
DU PÈRE CHOLENEC

Au P. Auguste LEBLANC,

PROCUREUR DES MISSIONS ÉTRANGÈRES.

Détails sur la jeune TEGAHKOUITA, surnommée la Geneviève de la Nouvelle-France.

Au sault de saint-Louis, le 27 août 1715.

MON RÉVÉREND PÈRE,

La paix de notre N. S.

Les merveilles que Dieu opère tous les jours par l'intercession d'une jeune vierge iroquoise, qui a vécu et qui est morte parmi nous en odeur de sainteté, m'auroit porté à vous informer des particularités de sa vie, quand même vous ne m'auriez pas pressé par vos lettres de vous en faire le détail. Vous avez été témoin vous-même de ces merveilles, lorsque vous remplissiez ici avec tant de zèle les fonctions de missionnaire ; et vous savez que le grand prélat qui gouverne cette église, touché des prodiges dont Dieu daigne honorer la mémoire de cette sainte fille, l'a appelée avec raison la Geneviève de la Nouvelle-France. Tous les François qui habitent ces colonies, de même que les sauvages, ont une singulière vénération pour elle : ils viennent de fort loin prier sur son tombeau, et plusieurs, par son entremise, ont été guéris sur-le-champ de leurs maladies, et ont reçu du ciel d'autres faveurs extraordinaires. Je ne vous dirai rien, mon révérend père, que je n'aie vu moi-même, lorsque j'ai eu soin de sa conduite, ou que je n'aie appris du missionnaire qui lui a conféré le saint baptême.

Tegahkouita (c'est le nom de la sainte fille dont j'ai à vous entretenir) naquit l'an 1656, à Gandaouagué, l'une des bourgades des Iroquois inférieurs appelés Agniez. Son père étoit Iroquois et infidèle ; sa mère, qui étoit chrétienne, était Algonquine ; elle avoit été baptisée dans la ville des Trois-

Rivières, ou elle fut élevée parmi les François.

Dans le temps qu'on faisoit la guerre aux Iroquois, elle fut prise par ces barbares, et menée captive dans leur pays. On a su depuis que, dans le sein de l'infidélité même, elle conserva sa foi jusqu'à la mort. Elle eut de son mariage deux enfans, un garçon et une fille, qui est celle dont je parle : mais elle eut la douleur de mourir sans leur procurer la grâce du baptême. Une petite vérole, qui ravageoit le pays des Iroquois, l'enleva, elle et son fils, en peu de jours. Tegahkouita en fut attaquée comme les autres ; mais elle ne succomba point à la violence du mal. Elle se trouva donc orpheline à l'âge de quatre ans, sous la conduite de ses tantes, et au pouvoir d'un oncle qui étoit le plus distingué du village.

La petite vérole lui avait affoibli les yeux, et cette incommodité l'empêcha pendant quelque temps de paroître au grand jour. Elle demeuroit les jours entiers retirée dans sa cabane : peu à peu elle s'affectionna à la retraite, et dans la suite elle fit par goût ce qu'elle avoit fait auparavant par nécessité. Cette inclination pour une vie retirée, si contraire au génie de la jeunese iroquoise, fut principalement ce qui conserva l'innoçence de ses mœurs dans le séjour même de la corruption.

Quand elle fut un peu plus avancée en âge, elle s'occupa dans le domestique à rendre à ses tantes tous les services dont elle étoit capable et qui convenoient à son sexe : elle piloit le blé, elle alloit quérir de l'eau, elle portoit le bois : car c'est, parmi nos sauvages, l'emploi ordinaire des femmes. Le reste du temps elle le passoit à faire de petits ouvrages, pour lesquels elle avoit une adresse extraordinaire. Par-là elle évitoit deux écueils également funestes à l'innocence : l'oisiveté, si ordinaire ici aux personnes du sexe, et qui est pour elles la source d'une infinité de vices ; et la passion extrême qu'elles ont de couler le temps dans des visites inutiles, de se montrer aux assemblées publiques, et d'y étaler leurs parures. Car il ne faut pas croire que cette sorte de vanité soit le partage des seules nations civilisées ; les femmes de nos sauvages, surtout les jeunes filles, affectent de paroître ornées de ce qu'elles ont de plus précieux. Leurs ajustemens consistent en certaines étoffes qu'elles achètent des Européens, en des manteaux de fourrures, et en divers coquillages dont elles se couvrent de la tête jusqu'aux pieds : elles s'en font des bracelets, des pendans d'oreilles, des ceintures ; elles en garnissent même leurs souliers, car ce sont là toutes leurs richesses, et c'est parmi elles à qui se distinguera le plus par ces sortes d'ajustemens.

La jeune Tegahkouita, qui avoit naturellement de l'aversion pour toutes les parures propres de son sexe, ne put résister aux personnes qui lui tenoient lieu de père et de mère ; et pour leur complaire, elle eut quelquefois recours à ces vains ornemens. Mais lorqu'elle fut chrétienne, elle s'en fit un grand crime, et elle expia cette complaisance qu'elle avoit eue, par des larmes presque continuelles, et par une sévère pénitence.

M. de Thracy, ayant été envoyé de la cour pour mettre à la raison les nations iroquoises qui désoloient nos colonies, porta la guerre dans leur pays, et y brûla trois villages des Agniez. Cette expédition répandit la terreur parmi ces barbares, et ils en vinrent à des propositions de paix qu'on écouta. Leurs députés furent bien reçus des François, la paix se conclut à l'avantage des deux nations.

On saisit cette occasion, qui paroissoit favorable, pour envoyer des missionnaires aux Iroquois. Ils avoient déjà quelque teinture de l'Évangile qui leur avoit été prêché par le père Jogues, surtout ceux d'Onnontagué, parmi lesquels ce père avoit fixé sa demeure. On sait que le missionnaire reçut alors la récompense qu'il devait attendre de son zèle; ces barbares le tinrent dans une dure captivité, et lui mutilèrent les doigts : ce ne fut que par une espèce de miracle qu'il se déroba pour un temps à leur fureur. Il semble pourtant que son sang devoit être la semence du christianisme dans cette terre infidèle; le père Jogues ayant eu le courage d'aller l'année suivante continuer sa mission auprès de ces peuples qui l'avoient traité si inhumainement, finit sa vie apostolique dans les supplices qu'ils lui firent endurer. Les travaux de ses deux compagnons furent couronnés par une mort semblable; et c'est sans doute au sang de ces premiers apôtres de la nation iroquoise, qu'on doit attribuer les bénédictions que Dieu répandit sur le zèle de ceux qui leur succédèrent dans le ministère évangélique.

Le père Frémin, le père Bruyas, et le père Pierron, qui savoient la langue du pays, furent choisis pour accompagner les députés iroquois dans leur retour, et pour confirmer de la part des François la paix qui venoit de leur être accordée. On confia aux missionnaires les présens que faisoit le gouverneur, afin de leur faciliter l'entrée dans ces terres barbares. Ils y arrivèrent dans le temps que ces peuples ont accoutumé de se plonger dans toute sorte de débauches, et personne ne se trouva en état de les recevoir.

Ce contre-temps procura à la jeune Tegahkouita l'avantage de connaître de bonne heure ceux dont Dieu vouloit se servir pour la conduire à une haute perfection : elle fut chargée de loger les missionnaires et de subvenir à leurs besoins : sa modestie, et la douceur avec laquelle elle s'acquitta de cette fonction, touchèrent les nouveaux hôtes ; elle, de son côté, fut frappée de leurs manières affables, de leur assiduité à la prière, et des autres exercices dont ils partageoient la journée. Dieu la disposoit ainsi à la grâce du baptême, qu'elle auroit demandée, si les missionnaires eussent fait un plus long séjour dans son village.

Le troisième jour de leur arrivée ils furent appelés à Tionnontoguen, où se fit leur réception : elle fut des plus solennelles. Deux des missionnaires s'établirent dans ce village; le troisième commença une mission dans le village d'Onneiout, qui est à trente lieues au-delà dans les terres. L'année suivante, on forma une troisième mission à Annontagué. La quatrième fut établie à Tsonnontouan, et la cinquième au village de Goiogoen. Les nations des Aguiez et des Tsonnontouans étant nombreuses et séparées en plusieurs bourgades, on fut obligé d'augmenter le nombre des missionnaires.

Cependant Tegahkouita entroit dans l'âge nubile, et ses parens étoient intéressés à lui trouver un époux, parce que, selon la coutume du pays, le gibier que le mari tue à la chasse est au profit de la femme, et de tous ceux de la famille. La jeune Iroquoise avoit des inclinations bien opposées aux desseins de ses parens; elle avoit un grand amour pour la pureté, avant même qu'elle pût connoître l'excellence de cette vertu, et tout ce qui étoit capable de la souiller tant soit peu lui faisoit horreur. Ainsi, quand on lui proposa de s'établir, elle s'en excusa sous divers prétextes; elle allégua surtout sa grande jeunesse, et le peu d'inclination qu'elle avoit pour le mariage.

Ses parens parurent goûter ses raisons; mais peu après ils résolurent de l'engager lorsqu'elle y penseroit le moins, sans même lui laisser le choix de la personne avec qui ils vouloient l'unir. Ils jetèrent les yeux sur un jeune homme dont l'alliance leur paroissoit avantageuse, et ils lui en firent la proposition aussi-bien qu'à ceux de sa famille. L'affaire étant conclue de part et d'autre, le jeune homme entra le soir dans la cabane de celle qui lui étoit destinée, et il vint s'asseoir auprès d'elle. C'est ainsi que se font les mariages parmi nos sauvages : bien que ces infidèles poussent le libertinage et la dissolution jusqu'à l'excès, néanmoins il n'y a point de nation qui garde si scrupuleusement en public les bienséances de la plus exacte pudeur. Un jeune homme seroit à jamais déshonoré, s'il s'arrétoit à converser publiquement avec une fille : quand il s'agit de mariage, c'est aux parens à traiter l'affaire, et il n'est pas permis aux parties intéressées de s'en mêler : il suffit même qu'on parle de marier un jeune sauvage avec une jeune Indienne, pour qu'ils évitent avec soin de se voir et de se parler. Quand les parens agréent de part et d'autre le mariage, le jeune homme vient le soir dans la cabane de sa future épouse, et il s'assied auprès d'elle, c'est-à-dire qu'il la prend pour femme, et qu'elle le prend pour mari.

Tégahkouita parut toute déconcertée quand elle vit ce jeune homme assis auprès d'elle; elle rougit d'abord, et se leva brusquement; elle sortit avec indignation de la cabane, et ne voulut point y rentrer que le jeune homme ne fût dehors. Cette fermeté outragea ses parens, qui crurent recevoir par là un affront, et ils résolurent de ne pas en avoir le démenti. Ils tentèrent encore d'autres stratagèmes, qui ne servirent qu'à faire éclater davantage la fermeté de leur nièce.

L'artifice n'ayant pas réussi, on eut recours à la violence. On la traita comme une esclave, elle fut chargée de tout ce qu'il y avoit à faire de plus pénible et de plus rebutant; ses actions les plus innocentes étoient interprétées malignement; on lui reprochoit sans cesse son peu d'attachement pour ses parens, ses manières farouches et sa stupidité, car c'est ainsi qu'on appeloit l'éloignement qu'elle avoit du mariage : on l'attribuoit à une haine secrète qu'elle portoit à la nation iroquoise, parce qu'elle étoit de race algonquine. Enfin, on mit tout en œuvre pour ébranler sa constance.

La jeune fille souffrit tous ces mauvais traitemens avec une patience invincible, et sans rien perdre de son égalité d'âme et de sa douceur naturelle, elle rendit tous les services qu'on exigeoit d'elle avec une attention et une docilité qui étoient au-dessus de son âge et de ses forces. Peu à peu ses parens s'adoucirent, ils lui rendirent leurs bonnes grâces, et ils ne l'inquiétèrent plus sur le parti qu'elle avoit pris.

En ce temps-là le père Jacques de Lamberville fut conduit par la Providence au village de notre jeune Iroquoise, et il reçut ordre de ses supérieurs de s'y arrêter, bien qu'il semblât plus naturel que ce père allât se joindre à son frère qui avoit soin de la mission des Iroquois d'Onnontagué. Tegahkouita ne manqua pas d'assister aux instructions et aux prières qui se faisoient tous les jours dans la chapelle; mais elle n'osoit s'ouvrir sur le dessein qu'elle avoit depuis long-temps d'être chrétienne : soit qu'elle fût arrêtée par l'appréhension d'un oncle de qui elle dépendait absolument, et à qui des raisons d'intérêt donnoient de l'aversion pour les chrétiens; soit que sa pudeur même la rendît trop timide, et l'empêchât de découvrir ses sentimens au missionnaire.

Enfin, l'occasion de déclarer le désir qu'elle avoit d'être baptisée se présenta à elle lorsqu'elle y pensoit le moins. Une blessure qu'elle s'étoit faite au pied l'avoit retenue au village, tandis que la plupart des femmes faisoient dans les champs la récolte du blé d'Inde. Le missionnaire prit ce temps-là pour faire sa tournée, et pour instruire à loisir ceux qui étoient restés dans leurs cabanes. Il entra dans celle de Tegahkouita. Cette bonne fille ne put retenir sa joie à la vue du missionnaire : elle commença d'abord par lui ouvrir son cœur en présence de ses compagnes mêmes, sur l'empressement qu'elle avoit d'être admise au rang des chrétiens : elle s'expliqua aussi sur les obstacles qu'elle auroit à surmonter de la part de sa famille, et dans ce premier entretien elle fit paroître un courage au-dessus de son sexe. La bonté de son naturel, la vivacité de son esprit, sa naïveté et sa candeur, firent juger au missionnaire qu'elle ferait un jour de grands progrès dans la vertu ; il s'appliqua particulièrement à l'instruire des vérités chrétiennes, mais il ne crut pas devoir se rendre sitôt à ses instances, la grâce du baptême ne devant s'accorder aux adultes, surtout dans ce pays-ci, qu'avec précaution et après de longues épreuves. Tout l'hiver fut employé à son instruction et à une recherche exacte de ses mœurs.

Il est surprenant que, malgré le penchant que les sauvages ont à médire, surtout les personnes du sexe, il ne s'en trouvât aucune qui ne fît l'éloge de la jeune catéchumène : ceux même qui l'avoient persécutée le plus vivement ne purent s'empêcher de rendre témoignage à sa vertu.

Le missionnaire ne balança plus à lui administrer le saint baptême, qu'elle demandoit avec une sainte impatience. Elle le reçut le jour de Pâques de l'année 1676, et elle fut nommée Catherine : c'est ainsi que je l'appellerai dans la suite de cette lettre.

La jeune néophyte ne songea plus qu'à remplir les engagemens qu'elle venoit de contracter. Elle ne voulut pas se borner à l'observation des pratiques communes, elle se sentoit appelée à une vie plus parfaite. Outre les instructions publiques auxquelles elle assistoit régulièrement, elle en demanda de particulières pour sa conduite intérieure. Ses prières, ses dévotions, ses pénitences, furent réglées, et elle fut si docile à se former, selon le plan de perfection qui lui avoit été tracé, qu'en peu de temps elle devint un modèle de vertu.

Elle passa de la sorte quelques mois assez paisiblement. Ses parens mêmes ne parurent pas désapprouver le nouveau genre de vie qu'elle menoit. Mais le Saint-Esprit nous avertit par la bouche du sage, que l'âme fidèle qui commence à s'unir à Dieu, doit se préparer à la tentation; et c'est ce qui se vérifia en la personne de Catherine. Sa vertu extraordinaire lui attira des persécutions de ceux mêmes qui l'admiroient : ils regardoient une vie si pure comme un reproche tacite de leurs déréglemens ; et dans le dessein de la décréditer, ils s'efforcèrent par divers artifices de donner atteinte à sa pureté. La confiance que la néophyte avoit en Dieu, la défiance qu'elle avoit d'elle-même, son assiduité à la prière, sa délicatesse de conscience qui lui faisoit appréhender jusqu'à l'ombre même du péché, lui donnèrent une victoire entière sur les ennemis de sa pudeur.

L'exactitude avec laquelle elle se trouvoit tous les jours de fête à la chapelle, fut la source d'un autre orage qui vint fondre sur elle du côté de ses proches. Le chapelet récité à deux chœurs est un des exercices de ces saints jours : cette espèce de psalmodie réveille l'attention des néophytes et anime leur dévotion. On y mêle des hymnes et des cantiques spirituels que nos jeunes sauvages chantent avec beaucoup de justesse et d'agrément : ils ont l'oreille fine, la voix belle, et un goût rare pour la musique. Catherine ne se dispensoit jamais de cet exercice. On trouva mauvais dans la cabane qu'elle s'abstint ces jours-là d'aller travailler comme les autres à la campagne; on en vint à des paroles aigres, on lui reprocha que le christianisme l'avoit amollie et l'accoutumoit à une vie fainéante; on ne lui laissa même rien à manger, pour la contraindre, du moins par la faim, à suivre ses parens et à les aider dans leur travail. La néophyte supporta constamment leurs reproches et leurs mépris; elle aima mieux se passer ces jours-là de nourriture, que de violer la loi qui ordonne la sanctification des fêtes, et de manquer à ses pratiques ordinaires de piété.

Cette fermeté que rien n'ébranloit irrita de plus en plus ses parens infidèles. Quand elle allait à la chapelle, ils la faisoient poursuivre à coups de pierres par des gens ivres, ou qui faisoient semblant de l'être, en sorte que, pour se mettre à couvert de leurs insultes, elle était souvent obligée de prendre des chemins détournés. Il n'y avoit pas jusqu'aux enfans qui la montroient au doigt, qui crioient après elle et l'appeloient par dérision la *chrétienne*. Un jour qu'elle était retirée dans sa cabane, un jeune homme y entra brusquement les yeux étincelans de colère, et la hache à la main, qu'il leva comme pour la frapper : peut-être n'avoit-il d'autre dessein que de l'effrayer. Quoi qu'il en soit des intentions de ce barbare, Catherine se contenta de baisser modestement la tête, sans faire paroître la moindre émotion. Une intrépidité si peu attendue étonna si fort le sauvage, qu'il prit aussitôt la fuite, comme s'il avoit été épouvanté lui-même par quelque puissance invisible.

Ce fut dans ces exercices de patience et de piété que Catherine passa l'été et l'automne qui suivirent son baptême. L'hiver lui procura un peu plus de tranquillité : elle ne laissa pas néanmoins d'avoir à souffrir quelques traverses, surtout de la part d'une de ses tantes : c'étoit un esprit double et dangereux, qui ne pouvoit souffrir la vie régulière de sa nièce, et qui censuroit jusqu'à ses actions et à ses paroles, même les plus indifférentes. C'est un usage parmi les sauvages que les oncles donnent le nom de filles à leurs nièces, et que, réciproquement, les nièces appellent leurs oncles du nom de père : de là vient que les cousins germains s'appellent communément frères.

3

Il échappa une ou deux fois à Catherine d'appeler de son nom propre, et non pas de celui de père, le mari de sa tante : c'étoit tout au plus une méprise ou un manque de réflexion. Il n'en fallut pas davantage à cet esprit mal fait pour fonder une calomnie des plus atroces : elle jugea que cette manière de s'exprimer, qui lui paroissoit trop familière, étoit l'indice d'une liaison criminelle, et à l'instant elle alla trouver le missionnaire pour la décrier dans son esprit et lui faire perdre les sentimens d'estime qu'il avoit pour la néophyte. « Et bien ! lui dit-elle en l'abordant, Catherine, dont vous estimez tant la vertu, est pourtant une hypocrite qui vous trompe ; elle vient en ma présence de solliciter mon mari au péché ! » Le missionnaire, qui connoissoit cette femme pour un mauvais esprit, voulut savoir sur quoi fondée elle formoit une accusation de cette nature ; et ayant appris ce qui donnoit lieu à un soupçon si odieux, il lui fit une sévère réprimande, et la renvoya bien confuse. Quand il en parla à la néophyte, elle lui répondit avec une candeur et une assurance qui ne s'empruntent guère du mensonge. Ce fut en cette occasion qu'elle déclara, ce qu'on auroit peut-être ignoré si elle n'avoit pas été mise à cette épreuve, que, par la miséricorde du Seigneur, elle ne se souvenoit pas d'avoir jamais terni la pureté de son corps, et qu'elle n'appréhendoit point de recevoir aucun reproche sur cet article au jour du jugement.

Il étoit triste pour Catherine d'avoir tant de combats à soutenir, et de voir son innocence exposée sans cesse aux outrages et aux railleries de ses compatriotes; d'ailleurs, elle avoit tout à craindre dans un pays où si peu de gens goûtoient encore les maximes de l'Évangile : elle souhaitoit passionnément de se transplanter dans une autre mission, où elle pût servir Dieu en paix et en liberté: c'étoit le sujet de ses prières les plus ferventes, c'étoit aussi l'avis du missionnaire; mais la chose n'étoit pas facile à exécuter. Elle étoit sous la puissance d'un oncle attentif à toutes ses démarches, et incapable de goûter sa résolution par l'aversion qu'il portoit aux chrétiens. Dieu, qui exauce jusqu'aux simples désirs de ceux qui mettent en lui toute leur confiance, disposa toutes choses pour le repos et la consolation de la néophyte.

Il s'étoit formé depuis peu, parmi les François, une colonie d'Iroquois. La paix qui étoit entre les deux nations donnoit la liberté à ces sauvages de venir chasser sur nos terres; plusieurs d'entre eux s'étoient arrêtés vers la prairie de la Madelaine: des missionnaires de notre compagnie qui y demeuroient les rencontrèrent, et les entretinrent à diverses fois de la nécessité du salut. Dieu agit en même temps sur leurs cœurs par l'impression de sa grâce; ces barbares se trouvèrent tout à coup changés, et ils se rendirent sans peine à la proposition qu'on leur fit de renoncer à leur patrie et de demeurer parmi nous. Ils reçurent le baptême après les instructions et les épreuves accoutumées.

L'exemple et la piété de ces nouveaux fidèles attirèrent avec eux plusieurs de leurs compatriotes, et en peu d'années la mission de saint François Xavier du Sault (c'est ainsi qu'on l'appelle) devint célèbre par le grand nombre et par la ferveur extraordinaire des néophytes. Pour peu qu'un Iroquois y eût fait de séjour, quoiqu'il n'eût d'autre dessein que de visiter ses parens et ses amis, il perdoit aussitôt le désir de retourner dans sa patrie. La charité des néophytes alloit jusqu'à partager avec les nouveaux venus les champs qu'ils n'avoient défrichés qu'avec beaucoup de peine; mais où elle éclatoit davantage, c'étoit dans l'empressement qu'ils faisoient paraître pour les instruire des vérités de la foi : ils y employoient des jours entiers, et souvent une partie de la nuit. Leurs discours, pleins d'onction et de piété, faisoient de vives impressions sur les cœurs de leurs hôtes, et les transformoient, pour ainsi dire, en d'autres hommes. Tel qui peu auparavant ne respiroit que le sang et la guerre, devenoit doux, humble, docile, et capable des plus grandes maximes de la religion.

Ce zèle ne se bornoit pas à ceux qui venoient les trouver, il les portoit encore à faire des excursions dans les différentes bourgades de leur nation, et ils revenoient toujours accompagnés d'un grand nombre de leurs compatriotes. Le jour que Catherine reçut le baptême, le plus considérable des Agniez, après une excursion semblable, retourna à la mission du Sault en compagnie de trente Iroquois de sa nation qu'il avoit gagnés à Jésus-Christ. La néophyte eût bien voulu le suivre; mais elle dépendoit, comme je l'ai dit, d'un oncle qui ne voyoit qu'à regret le dépeuplement de sa bourgade, et qui se déclaroit ouvertement l'ennemi de ceux qui pensoient à aller demeurer parmi les François.

Ce ne fut que l'année suivante qu'elle trouva les facilités qu'elle souhaitoit pour l'exécution de son dessein. Elle avoit une sœur adoptive, qui s'étoit retirée avec son mari à la mission du Sault. Le zèle qu'avoient les nouveaux fidèles pour attirer leurs parens et leurs amis dans la nouvelle colonie, lui inspira la même pensée à l'égard de Catherine : elle s'en ouvrit à son mari, qui lui donna les mains. Celui-ci se joignit aussitôt à un sauvage de Lorette et à plusieurs autres néophytes qui, sous prétexte d'aller faire la traite des castors avec les Anglais, parcouroient les bourgades iroquoises, à dessein d'engager ceux de leur connoissance à les suivre et à participer au bonheur de leur conversion.

A peine fut-il arrivé dans la bourgade de Catherine, qu'il l'avertit secrètement du sujet de son voyage et du désir que sa femme avoit de l'avoir auprès d'elle dans la mission du Sault, dont il lui fit l'éloge en peu de paroles. Comme la néophyte parut transportée à ce discours, il l'avertit de se tenir prête à partir aussitôt qu'il seroit de retour d'un voyage qu'il ne faisoit chez les Anglois que pour ne point donner d'ombrage à son oncle. Cet oncle de Catherine étoit alors absent, et n'avoit garde d'entrer dans aucun soupçon du dessein de sa nièce. Catherine alla sur-le-champ prendre congé du missionnaire, et le prier de la recommander aux pères qui gouvernoient la mission du Sault. Le missionnaire, de son côté, qui ne pouvoit manquer d'approuver la résolution de la néophyte, l'exhorta à mettre sa confiance en Dieu, et lui donna les conseils qu'il jugea lui être nécessaires dans la conjoncture présente.

Comme le voyage du beau-frère n'étoit qu'un prétexte pour mieux cacher son dessein, il fut bientôt de retour à la bourgade; et, dès le lendemain de son arrivée, il partit avec Catherine et avec le sauvage de Lorette qui lui avoit tenu compagnie. On ne fut pas long-temps à s'apercevoir dans le village que la néophyte avoit disparu, et l'on se douta qu'elle avoit suivi les deux sauvages.

On dépêcha aussitôt un exprès vers son oncle pour lui en donner avis. Ce vieux capitaine, jaloux de l'accroissement de sa nation, frémit de colère à cette nouvelle. A l'instant il chargea son fusil de trois balles, et courut après ceux qui emmenoient sa nièce. Il fit tant de diligence qu'il les joignit en peu de temps. Les deux sauvages, qui avoient prévu qu'on ne manqueroit pas de les poursuivre, avoient caché la néophyte dans un bois épais, et s'étoient arrêtés comme s'ils eussent voulu prendre un peu de repos. Le vieillard fut bien étonné de ne pas trouver sa nièce avec ces sauvages. Après un moment d'entretien qu'il eut avec eux, il se persuada qu'il avoit cru trop légèrement un premier bruit qui s'étoit répandu, et il retourna sur ses pas vers le village. Catherine regarda cette retraite subite de son oncle comme un effet de la protection de Dieu sur elle; et, continuant sa route, elle arriva à la mission du Sault sur la fin de l'automne de l'année 1677.

Ce fut chez son beau-frère qu'elle alla loger. La cabane appartenoit à une chrétienne des plus ferventes de ce lieu, nommée Anastasie, dont le soin étoit d'instruire les personnes de son sexe qui aspiroient à la grâce du baptême. Le zèle avec lequel elle remplissoit les devoirs de cet emploi, ses entretiens et ses exemples, charmèrent Catherine; mais ce qui l'édifia infiniment, ce fut la piété de tous les fidèles qui composoient cette nombreuse mission. Elle était surtout frappée de voir des hommes devenus si différens de ce qu'ils avoient été lorsqu'ils demeuroient dans son pays; elle comparoit leur vie exemplaire avec la vie licencieuse qu'elle leur avoit vu mener; et reconnoissant le doigt de Dieu dans un changement si extraordinaire, elle le bénissoit sans cesse de l'avoir conduite dans cette terre de bénédiction.

Pour répondre à cette faveur du ciel, elle crut qu'elle devoit se donner tout entière à Dieu, sans user d'aucune réserve et sans se permettre le moindre retour sur elle-même. Le lieu saint fit dès lors toutes ses délices : elle s'y rendoit dès les quatre heures du matin; elle entendoit la messe du point du jour, et assistoit ensuite à celle des sauvages, qui se dit au lever du soleil. Pendant le cours de la journée, elle interrompoit de temps en temps son travail pour aller s'entretenir avec Jésus-Christ aux pieds des autels. Le soir, elle revenoit encore à l'église, et n'en sortoit que bien avant dans la nuit. Quand elle étoit en prières, elle paroissoit toute renfermée au-dedans d'elle-même : le Saint-Esprit l'éleva en peu de temps à un don si sublime d'oraison, qu'elle passoit souvent plusieurs heures de suite dans des communications intimes avec Dieu.

A cet attrait pour la prière, elle joignoit une application presque continuelle au travail, et elle se soutenoit dans le travail par de pieux discours qu'elle tenoit avec Anastasie, cette fervente chrétienne dont j'ai parlé, et avec qui elle avoit lié une amitié très-étroite. Leurs entretiens rouloient d'ordinaire sur la douceur qu'on goûte au service de Dieu, sur les moyens de lui plaire et d'avancer dans la vertu, sur quelques traits de la vie des saints, sur l'horreur qu'on doit avoir du péché, et sur le soin d'expier, par la pénitence, ceux qu'on a eu le malheur de commettre. Elle finissoit la semaine par une recherche exacte de ses fautes et de ses imperfections, pour les effacer dans le sacrement de pénitence dont elle approchoit tous les samedis au soir : elle s'y disposoit par diverses macérations dont elle affligeoit son corps ; et quand elle s'accusoit de ses fautes, même les plus légères, c'étoit avec des sentimens si vifs de componction, qu'elle fondoit en larmes, et que ses paroles étoient entrecoupées de soupirs et de sanglots. La haute idée qu'elle avoit de la majesté de Dieu lui faisoit regarder la moindre offense avec horreur ; et quand il lui en étoit échappé quelqu'une, elle ne pouvoit se la pardonner.

Des vertus si marquées ne me permirent pas de lui refuser plus long-temps la permission qu'elle me demandoit instamment de faire sa première communion à la fête de Noël qui approchoit. C'est une grâce qui ne s'accorde à ceux qui viennent de chez les Iroquois, qu'après bien des années et après beaucoup d'épreuves : mais la piété de Catherine la mettoit au-dessus des règles ordinaires. Elle participa, pour la première fois de sa vie, à la sainte eucharistie avec une ferveur qui égaloit l'estime qu'elle faisoit de cette grâce, et les empressemens qu'elle avoit eus de l'obtenir. Toutes les autres fois qu'elle approcha de la sainte table, ce fut toujours avec les mêmes dispositions. Son simple extérieur inspiroit alors de la piété aux plus tièdes; et lorsqu'il se faisoit une communion générale, les néophytes les plus vertueuses s'empressoient à l'envi de se mettre auprès d'elle; parce que, disoient-elles, la seule vue de Catherine leur servoit d'une excellente préparation pour communier dignement.

Après les fêtes de Noël, la saison étant propre pour la chasse, elle ne put se dispenser de suivre dans les bois sa sœur et son beau-frère. Elle fit voir alors qu'on peut servir le Seigneur dans tous les lieux où sa providence nous conduit; elle ne relâcha rien de ses exercices ordinaires; sa piété lui suggéra de saintes pratiques pour suppléer à celles qui étoient incompatibles avec le séjour des forêts. Son temps étoit réglé pour toutes ses actions. Dès le matin, elle se mettoit en prières, et elle ne les finissoit qu'avec celles que les sauvages font en commun selon leur coutume. Le soir elle les continuoit bien avant dans la nuit. Quand les sauvages prenoient leur repas pour se disposer à chasser tout le long du jour, elle se retiroit à l'écart pour faire oraison: c'étoit à peu près le temps qu'on a coutume d'entendre la messe dans la mission. Elle avoit placé une croix dans le tronc d'un arbre qui se trouvoit au bord d'un ruisseau : cet endroit solitaire lui tenoit lieu d'oratoire. Là elle se mettoit en esprit au pied des autels; elle unissoit son intention à celle du prêtre; elle prioit son ange gardien d'assister pour elle au saint sacrifice, et de lui en appliquer tout le fruit. Le reste de la journée, elle s'occupoit du travail avec les autres personnes de son sexe; mais, pour bannir les discours frivoles, et afin de s'entretenir dans l'union avec Dieu, elle entamoit toujours quelque discours de piété, ou bien elle les invitoit à chanter des hymnes et des cantiques à la louange du Seigneur. Ses repas étoient très-sobres, et souvent elle ne mangeoit qu'à la fin du jour : encore mêloit-elle secrètement de la cendre aux viandes qu'on lui servoit, pour ôter à son goût toute la pointe qui en fait le plaisir. C'est une mortification qu'elle pratiqua toutes les fois qu'elle pouvoit n'être pas aperçue.

Le séjour des bois ne plaisoit guère à Catherine, bien qu'il soit si agréable aux femmes des sauvages; parce que, débarrassées des soins domestiques, elles passent le temps dans les divertissemens et les festins. Elle soupiroit sans cesse après la saison où l'on a coutume de retourner au village. L'église, la présence de de Jésus Christ dans l'auguste sacrement de nos autels, le saint sacrifice de la messe, les exhortations fréquentes, et les autres exercices de la mission dont on est privé quand on est occupé de la chasse, étoient les seuls objets qui la touchassent. Elle avoit du dégoût pour tout le reste. Ainsi quand elle se vit une fois de retour à la mission, elle se fit une loi de n'en plus sortir. Elle y arriva vers le temps de la semaine sainte; et c'est pour la première fois qu'elle assista aux cérémonies de ces saints jours.

Je ne m'arrêterai pas, mon révérend père, à vous décrire ici combien elle fut attendrie d'un spectacle aussi touchant que celui des douleurs et de la mort d'un Dieu pour le salut des hommes; elle répandit des larmes presque continuelles, et elle forma la résolution de porter le reste de ses jours dans son corps la mortification de Jésus-Christ. Depuis ce temps-là elle chercha toutes les occasions de se mortifier, soit pour expier des fautes légères qu'elle regardoit comme autant d'attentats contre la majesté divine, soit pour retracer dans elle l'image d'un Dieu crucifié pour notre amour. Les entretiens d'Anastasie qui lui parloit souvent des peines de l'enfer, et des rigueurs que les saints ont exercées sur eux-mêmes, fortifièrent l'attrait qu'elle avoit pour les austérités de la pénitence. Elle s'y sentit encore animée par un accident qui la mit en grand danger de perdre la vie. Elle coupoit un arbre dans le bois, qui tomba plus tôt qu'elle ne l'avoit prévu : elle eut assez de temps pour éviter, en se retirant, le gros de l'arbre qui l'auroit écrasée par sa chute ; mais elle ne put échapper à une des branches qui lui frappa rudement la tête, et qui la jeta évanouie par terre. Elle revint peu après de son évanouissement, et on lui entendit prononcer doucement ces paroles : « Je vous remercie, ô bon Jésus ! de m'avoir secourue dans ce danger. » Elle ne douta point que Dieu ne l'eût conservée pour lui donner le loisir d'expier ses péchés par la pénitence : c'est ce qu'elle déclara à une compagne qui se sentoit appelée comme elle à une vie austère, et avec qui elle fut dans une liaison si intime, qu'elles se communiquoient l'une à l'autre ce qui se passoit de plus secret dans leur intérieur. Cette nouvelle compagne a eu tant de part à la vie de Catherine, que je ne puis m'empêcher de vous en parler.

Thérèse (c'est ainsi qu'elle s'appeloit) avoit été baptisée par le père Bruyas dans le pays des Iroquois; mais la licence qui régnoit parmi ceux de sa nation, et les mauvais exemples qu'elle avoit sans cesse devant les yeux, lui firent bientôt oublier les engagemens de son baptême. Le séjour même qu'elle faisoit depuis quelque temps à la mission du Sault, où elle était venue demeurer avec sa famille, n'avoit produit qu'un médiocre changement dans ses mœurs. Une aventure des plus étranges qui lui arriva, opéra enfin sa conversion.

Elle étoit allée à la chasse avec son mari et un jeune neveu vers la rivière des Outaouacs: quelques autres Iroquois les joignirent en chemin, et ils formèrent une troupe composée de onze personnes; savoir, de quatre hommes, de quatre femmes et de trois jeunes gens. Thérèse seule étoit chrétienne. La neige qui ne tomba que fort tard cette année-là les mit hors d'état de chasser: leurs provisions furent bientôt consommées, et ils se virent réduits à manger quelques peaux qu'ils avoient apportées pour se faire des souliers : ils mangèrent ensuite leurs souliers mêmes ; et enfin, pressés par la faim, ils ne se nourrirent plus que des herbes et de l'écorce des arbres. Cependant le mari de Therèse tomba dangereusement malade, et obligea les chasseurs à s'arrêter. Deux d'entre eux, savoir, un Agnié et un Tsonnontouan, prirent le parti d'aller un peu au loin pour y chercher quelque bête, avec promesse d'être de retour au plus tard dans dix jours. L'Agnié revint effectivement au temps marqué, mais il revint seul, et assura que le Tsonnontouan avoit péri de faim et de misère. On le soupçonna de l'avoir tué, et d'avoir vécu de sa chair : car il avouoit qu'il n'avoit trouvé aucune bête, et cependant il étoit plein de force et de santé. Peu de jours après le mari de Thérèse mourut avec un grand regret de n'avoir pas reçu le baptême, et le reste de la troupe se mit en chemin pour gagner le bas de la rivière, et se rendre aux habitations françoises. Après deux ou trois jours de marche, ils s'affoiblirent de telle sorte, faute de nourriture, qu'ils ne purent plus avancer. Le désespoir leur inspira une étrange résolution : ce fut de tuer quelques-uns de la bande, afin de faire vivre les autres. On jeta les yeux sur la femme du Tsonnontouan et sur ses deux enfans qui furent égorgés l'un après l'autre. Ce spectacle effraya Thérèse : elle avoit lieu de craindre le même traitement ; alors elle réfléchit sur le déplorable état de sa conscience ; elle se repentit de s'être engagée dans les forêts, sans s'être purifiée auparavant par une bonne confession ; elle demanda pardon à Dieu des désordres de sa vie : elle promit de s'en confesser au plus tôt, et d'en faire pénitence. Sa prière fut écoutée ; après des fatigues incroyables, elle arriva enfin au village avec quatre autres qui restoient encore de cette troupe. A la vérité, elle garda une partie de sa promesse, car elle se confessa aussitôt après son retour, mais elle fut plus lente à réformer ses mœurs, et à embrasser les rigueurs de la pénitence.

Un jour qu'elle considéroit la nouvelle église qu'on bâtissoit au Sault, lorsqu'on y transporta la mission qui étoit auparavant à la prairie de la Madeleine, elle y rencontra Catherine qui regardoit aussi cet édifice : elles se saluèrent l'une l'autre pour la première fois; et pour entrer en conversation Catherine lui demanda quel lieu étoit réservé pour les femmes. Thérèse lui montra l'endroit où elle jugeoit qu'on les devoit placer. « Hélas! reprit Catherine en soupirant, ce n'est pas dans ce temple matériel que Dieu se plaît davantage à demeurer, c'est au-dedans de nous-mêmes qu'il veut habiter: notre cœur est le peuple qui lui est le plus agréable. Mais, malheureuse que je suis, combien de fois l'ai-je forcé d'abandonner ce cœur où il vouloit régner lui seul! et ne mériterois-je pas que, pour me punir de mon ingratitude, on me fermât à jamais l'entrée de ce temple qu'on élève à sa gloire? »

Ce sentiment d'humilité toucha vivement le cœur de Thérèse: elle se sentit pressée en même temps par les remords de sa conscience, d'exécuter enfin ce qu'elle avoit promis au Seigneur, et elle ne douta point que Dieu ne lui eût adressé cette sainte fille pour la soutenir de ses conseils et de ses exemples dans le nouveau genre de vie qu'elle vouloit embrasser. Elle s'ouvrit donc à Catherine sur les saints désirs que Dieu lui inspiroit, et insensiblement l'entretien les porta à se faire part de leurs pensées les plus secrètes. Pour s'entretenir plus commodément, elles allèrent s'asseoir au pied d'une croix qui est placée au bord du fleuve Saint-Laurent. Cette première entrevue, où se découvrit la conformité de leurs sentimens et de leurs inclinations, commença à serrer les liens d'une amitié sainte qui dura jusqu'à la mort de Catherine. Depuis ce temps-là elles furent inséparables ; elles alloient ensemble à l'église, dans les bois et au travail ; elles s'animoient l'une l'autre au service de Dieu par des discours de piété, elles se communiquoient leurs peines et leurs répugnances, elles s'avertissoient de leurs défauts, elles s'encourageoient à la pratique des vertus austères, et par-là elles se servirent infiniment l'une l'autre à avancer de plus en plus dans les voies de la perfection.

Dieu préparoit ainsi Catherine à un nouveau combat que son amour pour la virginité eut à soutenir. Des vues intéressées inspirèrent à sa sœur le dessein de la marier ; elle crut qu'il n'y avoit point de jeune homme dans la mission du Sault qui n'ambitionnât le bonheur d'être uni à une fille si vertueuse, et qu'ayant à choisir dans tout le village, elle auroit pour beau-frère quelque habile chasseur qui porteroit l'abondance dans la cabane. Elle s'attendoit bien à trouver des difficultés de la part de Catherine, car elle n'ignoroit pas les persécutions que cette généreuse fille avoit soutenues : mais elle se persuada que la force de ses raisons l'emporteroit sur sa résistance. Elle la prit donc un jour en particulier, et après lui avoir témoigné beaucoup plus d'affection qu'à l'ordinaire, elle lui parla avec cette éloquence qui est si naturelle aux sauvages, quand il s'agit de leur propre intérêt.

« Il faut l'avouer, ma chère sœur, lui dit-elle avec un air plein de douceur et d'affabilité, vous avez de grandes obligations au Seigneur de vous avoir tirée, aussi bien que nous, de notre malheureuse patrie, et de vous avoir conduite à la mission du Sault, où tout vous porte à la piété. Si vous avez de la joie d'y être, je n'en ai pas moins de vous avoir auprès de moi : vous l'augmentez tous les jours cette joie par la sagesse de votre conduite qui vous attire l'estime et l'approbation générale. Il ne vous reste plus qu'une chose à faire, qui mettra le comble à notre bonheur, c'est de songer sérieusement à vous établir par un bon et solide mariage. Toutes les filles prennent parmi nous ce parti ; vous êtes en âge de le prendre comme elles, et vous y êtes obligée plus particulièrement que d'autres, soit pour éviter les occasions du péché, soit pour subvenir aux nécessités de la vie. Il est vrai que nous nous faisons un plaisir, votre beau-frère et moi, de vous les fournir ; mais vous savez qu'il est sur le penchant de l'âge, et que nous sommes chargés d'une nombreuse famille. Si nous venions à vous manquer, à qui auriez-vous recours ? Croyez-moi, Catherine, mettez-vous à couvert des malheurs qui accompagnent l'indigence, pensez au plus tôt à les prévenir pendant que vous pouvez le faire si aisément, et d'une manière si avantageuse pour vous et pour votre famille.

Catherine ne s'attendoit à rien moins qu'à une proposition de cette nature ; mais sa complaisance et le respect qu'elle avoit pour sa sœur lui firent dissimuler sa peine, et elle se contenta de lui répondre, en la remerciant de ses avis, que la chose étoit de conséquence, et qu'elle y penseroit sérieusement.

C'est ainsi qu'elle éluda cette première attaque. Aussitôt elle vint me trouver pour se plaindre amèrement des importunes sollicitations de sa sœur. Comme je ne paroissois pas me rendre tout-à-fait à ses raisons, et que pour l'éprouver j'appuyois sur celles qui pouvoient la faire pencher vers le mariage: « Ah! mon père, me dit-elle, je ne suis plus à moi; je me suis donnée tout entière à Jésus-Christ; il ne m'est pas possible de changer de maître. La pauvreté dont on me menace ne me fait pas peur: il faut si peu de chose pour fournir aux besoins de cette misérable vie, que mon travail peut y suffire, et je trouverai toujours quelque méchant haillon pour me couvrir. » Je la renvoyai en lui disant qu'elle se consultât bien elle-même, que la chose méritoit qu'elle y fît des attentions sérieuses.

A peine fut-elle de retour à la cabane, que sa sœur, impatiente de l'amener à son sentiment, la pressa de nouveau de fixer ses irrésolutions par un établissement utile. Mais ayant jugé par la réponse de Catherine qu'il n'y avoit rien à gagner sur son esprit, elle sut mettre dans ses intérêts Anastasie, que l'une et l'autre regardoient comme leur mère. Celle-ci crut aisément que Catherine prenoit trop légèrement sa résolution, et elle employa tout l'ascendant que son âge et sa vertu lui donnoient sur l'esprit de cette jeune fille, pour lui persuader que le mariage étoit le seul parti qu'elle eût à prendre.

Cette démarche n'eut pas plus de succès que l'autre, et Anastasie, qui avoit trouvé jusque-là tant de docilité dans Catherine, fut extrêmement surprise du peu de déférence qu'elle avoit pour ses conseils. Elle lui en fit des reproches amers, et la menaça de m'en porter ses plaintes. Catherine la prévint, et après m'avoir raconté les peines qu'on lui faisoit pour la déterminer à prendre un parti qui étoit si peu de son goût, elle me pria de l'aider à consommer le sacrifice qu'elle vouloit faire d'elle-même à Jésus-Christ, et de la mettre à couvert des contradictions qu'elle avoit à souffrir de la part d'Anastasie et de sa sœur. Je louai son dessein, mais en même temps je lui conseillai de prendre encore trois jours pour délibérer sur une affaire de cette importance, et de faire pendant ce temps-là des prières extraordinaires, afin de mieux connoître la volonté de Dieu : après quoi, si elle persistoit dans sa résolution, je lui promis de mettre fin aux importunités de ses parentes. Elle acquiesça d'abord à ce que je lui proposois; mais un demi-quart d'heure après, elle vint me trouver. « C'en est fait, me dit-elle en m'abordant, il n'est plus question de délibérer, mon parti est pris depuis long-temps; non, mon père, je n'aurai jamais d'autre époux que Jésus-Christ. » Je ne crus pas devoir m'opposer davantage à une résolution qui me paroissoit ne lui être inspirée que par le Saint-Esprit : je l'exhortai donc à la persévérance, et je l'assurai que je prendrois sa défense contre tous ceux qui voudroient désormais l'inquiéter sur cet article. Cette réponse lui rendit sa première tranquillité, et rétablit dans son âme cette paix intérieure qu'elle conserva jusqu'à la fin de sa vie.

A peine se fut-elle retirée, qu'Anastasie vint se plaindre à son tour de ce que Catherine n'écoutoit aucun conseil, et ne suivoit que sa propre fantaisie. Elle alloit continuer, lorsque je l'interrompis, en lui disant que j'étois instruit de son mécontentement, mais que je m'étonnois qu'une ancienne chrétienne comme elle désapprouvât une action qui méritoit les plus grands éloges ; et que si elle avoit de la foi, elle devoit connoître quel est le prix d'un état aussi sublime que celui de la virginité, qui rend des hommes fragiles semblables aux anges mêmes.

A ces paroles, Anastasie revint comme d'un profond assoupissement ; et comme elle avoit un grand fond de piété, elle se blâma aussitôt elle-même ; elle admira le courage de cette vertueuse fille, et dans la suite elle fut la première à la fortifier dans la sainte résolution qu'elle avoit prise. C'est ainsi que Dieu tourna ces différentes contradictions au bien de sa servante. Ce fut aussi pour Catherine un nouveau motif de servir Dieu avec plus de ferveur ; elle ajouta de nouvelles pratiques à ces exercices ordinaires de piété ; tout infirme qu'elle étoit, elle redoubla son application au travail, ses veilles, ses jeûnes et ses autres austérités.

C'étoit alors la fin de l'automne, où les sauvages ont accoutumé de se mettre en marche pour aller chasser pendant l'hiver dans les forêts. Le séjour que Catherine y avoit déjà fait, et la peine qu'elle y avoit eue de se voir privée des secours spirituels qu'elle trouvoit au village, lui avoit fait prendre la résolution, comme je l'ai dit, de n'y jamais retourner de sa vie. Je crus cependant que le changement d'air, et la nourriture qui est meilleure dans les forêts, pourroient rétablir sa santé, laquelle étoit fort altérée; c'est pourquoi je lui conseillai de suivre sa famille et les autres qui alloient à la chasse. Elle me répondit, avec cet air de piété, qui lui étoit si naturel: « Il est vrai, mon père, que le corps est traité plus délicatement dans les bois; mais l'âme y languit, et ne peut y rassasier la faim; au contraire, dans le village, le corps souffre, j'en conviens, mais l'âme trouve ses délices auprès de Jésus-Christ. Eh bien! j'abandonne volontiers ce misérable corps à la faim et à la souffrance, pourvu que mon âme ait sa nourriture ordinaire. »

Elle resta donc pendant tout l'hiver au village, où elle ne vécut que de blé d'Inde, et où elle eut effectivement beaucoup à souffrir. Mais non contente de n'accorder à son corps que des alimens insipides, qui pouvoient à peine le soutenir, elle le livra encore à des austérités et à des pénitences excessives, sans prendre conseil de personne, se persuadant que lorsqu'il s'agissoit de se mortifier, elle pouvoit s'abandonner à tout ce que lui inspiroit sa ferveur. Elle était portée à ces saints excès par les grands exemples de mortifications qu'elle avoit sans cesse devant les yeux. L'esprit de pénitence régnoit parmi les chrétiens du Sault: les jeûnes, les disciplines sanglantes, les ceintures garnies de pointes de fer, étoient des austérités communes. Quelques-uns d'eux se disposèrent, par ces macérations volontaires, à souffrir constamment les plus affreux supplices.

La guerre s'étoit allumée entre les François et les Iroquois; ceux-ci invitèrent leurs compatriotes, qui étoient à la mission du Sault, à revenir dans leurs pays, où ils leur promettoient une entière liberté pour l'exercice de leur religion. Le refus, qui suivit de semblables offres, les transporta de fureur; et les chrétiens iroquois, qui demeuroient au Sault furent déclarés aussitôt ennemis de la patrie. Un parti d'Iroquois, qui en surprit quelques-uns à la chasse, les emmena dans leur pays: ils y furent brûlés à petit feu. Ces généreux fidèles, au milieu des plus cuisantes douleurs, prêchoient Jésus-Christ à ceux qui les tourmentoient si cruellement; et les conjuroient d'embrasser au plus tôt le christianisme pour se délivrer des feux éternels. Un, entre autres, nommé Etienne, signala sa conscience et sa foi : il étoit environné de flammes et de fers ardents; sans cesse il encourageoit sa femme, qui souffroit le même supplice, à invoquer avec lui le saint nom de Jésus. Étant près d'expirer, il ranima tout ce qu'il avoit de force, et, à l'exemple de son saint patron, il pria le Seigneur à haute voix pour la conversion de ceux qui le traitoient avec tant d'inhumanité. Plusieurs de ces barbares, touchés d'un spectacle qui leur étoit si nouveau, abandonnèrent leur pays, et vinrent à la mission du Sault pour demander le baptême et y vivre selon les lois de l'Évangile.

Les femmes ne cédoient en rien à leurs maris touchant l'ardeur qu'elles faisoient paroître pour une vie pénitente; elles alloient même à des excès que nous avions soin de modérer quand ils venoient à notre connoissance. Outre les instrumens ordinaires de mortification qu'elles employoient, elles trouvoient mille inventions de se faire souffrir. Quelques-unes se mettoient dans la neige lorsque le froid étoit le plus piquant; d'autres se dépouilloient jusqu'à la ceinture, dans des lieux écartés, et demeuroient longtemps exposées aux rigueurs de la saison, sur les bords d'une rivière glacée, où le vent souffloit avec fureur. Il y en a eu qui, après avoir rompu la glace des étangs, s'y plongeoient jusqu'au col, autant de temps qu'il en falloit pour réciter plusieurs dizaines de leur rosaire. Une entre autres s'y plongea trois nuits de suite, ce qui lui causa une fièvre si violente qu'elle en pensa mourir. Une autre me surprit extrêmement par sa simplicité : j'appris que, non contente d'avoir usé de cette mortification, elle avoit aussi plongé sa fille, qui n'avoit que trois ans, dans une rivière glacée, et l'on avoit retirée à demi-morte. Comme je lui reprochois vivement son indiscrétion, elle me répondit, avec une naïveté surprenante, qu'elle n'avoit pas cru mal faire, et que, dans la pensée où elle étoit que sa fille pourroit bien un jour offenser le Seigneur elle avoit voulu lui imposer par avance la peine que méritoit son péché.

Quoique ceux qui faisoient ces mortifications, fussent attentifs à en dérober la connoissance au public, Catherine, qui avoit l'esprit vif et pénétrant, ne laissa pas, sur diverses apparences, de conjecturer ce qu'ils tenoient si secret; et comme elle étudioit tous les moyens de témoigner de plus en plus son amour à Jésus-Christ, elle s'attachoit à examiner tout ce qui se faisoit d'agréable au Seigneur pour le mettre aussitôt en pratique. C'est pour cela qu'ayant passé quelques jours à Montréal, où elle vit pour la première fois des religieuses, elle fut si charmée de leur piété et de leur modestie, qu'elle s'informa curieusement de la manière dont vivoient ces saintes filles, et des vertus qu'elles pratiquoient. Ayant appris que c'étoit des vierges chrétiennes qui s'étoient consacrées à Dieu par un vœu de continence perpétuelle, elle ne me donna aucun repos que je lui eusse accordé la permission de faire le même sacrifice d'elle-même, non plus par une simple résolution de garder la virginité, comme elle l'avoit déjà fait, mais par un engagement irrévocable, qui l'obligeât d'être à Dieu sans retour. Je ne lui donnai mon consentement qu'après l'avoir bien éprouvée, et m'être assuré de nouveau que c'étoit l'esprit de Dieu qui agissoit dans cette bonne fille, et qui lui inspiroit un dessein dont il n'y avoit jamais eu d'exemple parmi les sauvages.

Elle choisit pour cette grande action le jour qu'on célèbre la fête de l'Annonciation de la très-sainte Vierge. Un moment après que Notre Seigneur se fut donné à elle dans la sainte communion, elle prononça, avec une ferveur admirable, le vœu qu'elle faisoit de virginité perpétuelle; elle s'adressa ensuite à la sainte Vierge, à qui elle avoit une dévotion très-tendre, pour la prier de présenter à son fils l'oblation qu'elle venoit de lui faire d'elle-même, après quoi elle passa plusieurs heures au pied des autels, dans un grand recueillement d'esprit, et dans une parfaite union avec Dieu.

Depuis ce temps-là Catherine ne tint plus à la terre, et elle aspira sans cesse au ciel, où elle avoit fixé tous ses désirs. Il sembloit même qu'elle goûtoit par avance les douceurs de ce bienheureux séjour; mais son corps n'étoit pas assez robuste pour soutenir le poids de ses austérités, et l'application continuelle de son esprit à se maintenir dans la présence de Dieu. Il lui prit une maladie violente, dont elle ne s'est jamais bien rétablie; il lui en resta toujours un mal d'estomac, accompagné de fréquens vomissemens, et d'une fièvre lente qui la mina peu à peu, et la jeta dans une langueur qui la consuma insensiblement.

Cependant, on eût dit que son âme prenoit de nouvelles forces à mesure que son corps dépérissoit : plus elle approchoit de son terme, plus on voyoit éclater dans elle les vertus éminentes qu'elle avoit pratiquées avec tant d'édification. Je ne m'arrêterai ici à vous rapporter que celles qui ont fait le plus d'impression, et qui étoient comme la source et le principe de toutes les autres.

Elle avoit un tendre amour pour Dieu. Son unique plaisir étoit de se tenir recueillie en sa présence, de méditer ses grandeurs et ses miséricordes, de chanter ses louanges, et de chercher continuellement les moyens de lui plaire. C'étoit principalement pour n'être pas distraite par d'autres pensées, qu'elle se plaisoit si fort à la solitude. Anastasie et Thérèse étoient les deux seules chrétiennes avec qui elle se trouvât volontiers, parce qu'elles parloient bien de Dieu, et que leurs entretiens ne respiroient que le divin amour.

De là venoit cette dévotion particulière qu'elle avoit pour la sainte eucharistie et pour la passion du Sauveur. Ces deux mystères de l'amour de Dieu, caché sous le voile eucharistique, et mourant sur une croix, occupoient sans cesse son esprit, et embrasoient son cœur des plus pures flammes de la charité. On la voyoit tous les jours passer des heures entières au pied des autels, immobile et comme transportée hors d'elle-même; ses yeux expliquoient souvent les sentimens de son cœur, par l'abondance des larmes qu'ils répandoient, et elle trouvoit dans ces larmes de si grandes délices, qu'elle étoit comme insensible à la froideur des plus rudes hivers. Quelquefois la voyant transie de froid, je la renvoyois dans sa cabane pour s'y chauffer: elle obéissoit à l'instant; mais un moment après elle revenoit à l'église, et y continuoit de longs entretiens avec Jésus-Christ.

Pour entretenir sa dévotion au mystère de la passion du Sauveur, et l'avoir toujours présente à sa mémoire, elle portoit au col un petit crucifix que je lui avois donné; elle le baisoit sans cesse avec des sentimens de la plus tendre compassion pour Jésus souffrant, et de la plus vive reconnoissance pour le bienfait de notre rédemption. Un jour, voulant particulièrement honorer Jésus-Christ dans ce double mystère de son amour, après avoir reçu la sainte communion, elle fit une oblation perpétuelle de son âme à Jésus dans l'eucharistie, et de son corps à Jésus attaché à la croix ; et dès lors elle fut ingénieuse à imaginer tous les jours de nouvelles manières d'affliger et de crucifier sa chair.

Quand elle alloit dans les bois pendant l'hiver, elle suivoit de bien loin ses compagnes, elle ôtoit ses souliers, et marchoit nu-pieds sur la glace et sur la neige. Ayant ouï dire à Anastasie que de tous les tourmens, celui du feu était le plus affreux, et que la constance des martyrs qui avoient souffert ce supplice pour défendre leur foi, devoit être d'un grand mérite auprès du Seigneur, la nuit suivante elle se brûla les pieds et les jambes avec un tison ardent, à peu près de la même manière que les Iroquois brûlent leurs esclaves, se persuadant que par cette action elle se déclaroit l'esclave de son Sauveur. Une autre fois, elle parsema la natte où elle se couchoit, de grosses épines dont les pointes étoient fort aiguës; et à l'exemple de saint Benoît et du bienheureux Louis de Gonzague, elle se roula trois nuits de suite sur ces épines, qui lui causèrent des douleurs très vives. Elle en eut le visage tout pâle et tout défait, ce qu'on attribuoit à ses indispositions. Mais Thérèse, cette compagne en qui elle avoit pris tant de confiance, ayant découvert la source de cette pâleur extraordinaire, lui en fit scrupule, en lui déclarant que c'étoit offenser Dieu que de se livrer à ces sortes d'austérités, sans la permission de son confesseur. Catherine, qui trembloit aux seules apparences du péché, vint aussitôt me trouver, pour m'avouer sa faute et en demander pardon à Dieu. Je la blâmai de son indiscrétion, et lui ordonnai d'aller jeter ces épines au feu. Elle le fit aussitôt; car elle avoit une soumission aveugle aux volontés de ceux qui gouvernoient sa conscience; et quelque éclairée qu'elle fût des lumières dont Dieu la favorisoit, elle ne fit jamais paroître le moindre attachement à son propre sens.

Sa patience étoit à l'épreuve de tout. Au milieu de ses infirmités continuelles, elle conserva toujours une paix et une égalité d'âme qui nous charmoient. Il ne lui échappa jamais, ou de se plaindre ou de donner le moindre signe d'impatience. Les deux derniers mois de sa vie, ses souffrances furent extraordinaires : elle étoit obligée de se tenir jour et nuit dans la même posture, et le moindre mouvement lui causoit des douleurs très-aiguës. Quand ces douleurs se faisoient sentir avec le plus de vivacité, c'étoit alors qu'elle paroissoit plus contente, s'estimant heureuse, comme elle le disoit elle-même, de vivre et de mourir sur la croix et unissant sans cesse ses souffrances à celles de son Sauveur.

Comme elle étoit remplie de foi, elle avoit une haute idée de tout ce qui a rapport à la religion ; c'est aussi ce qui lui inspiroit un respect particulier pour ceux que Dieu appelle au ministère évangélique. Son espérance étoit ferme, son amour désintéressé, servant Dieu pour Dieu même, par le seul désir de lui plaire. Sa dévotion étoit tendre jusqu'aux larmes ; son union avec Dieu intime et continuelle, ne le perdant jamais de vue dans toutes ses actions, ce qui l'éleva en peu de temps à un état d'oraison très-sublime.

Enfin, rien ne fut plus remarquable dans Catherine que cette pureté angélique dont elle fut si jalouse, et qu'elle conserva jusqu'au dernier soupir. Ce fut un miracle de la grâce qu'une jeune Iroquoise ait eu tant d'attrait pour une vertu si peu connue dans son pays, et qu'elle ait vécu dans une si grande innocence de mœurs pendant vingt années qu'elle a demeuré dans le centre même du libertinage et de la dissolution. C'est cet amour pour la pureté qui produisoit dans son cœur cette tendre affection pour la reine des vierges. Catherine ne parloit jamais de Notre-Dame qu'avec transport; elle avoit appris par cœur ses Litanies, et elle les récitoit tous les soirs en particulier, après les prières communes de la cabane. Elle portoit toujours sur elle un chapelet qu'elle récitoit plusieurs fois le jour. Les samedis et les autres jours, qui sont particulièrement consacrés à l'honorer, elle faisoit des austérités extraordinaires, et elle s'attachoit à l'imiter dans la pratique de quelques-unes de ses vertus. Elle redoubloit sa ferveur lorsqu'on célébroit quelqu'une de ses fêtes, et elle choisissoit ces saints jours pour faire à Dieu quelque nouveau sacrifice, ou pour renouveler ceux qu'elle avoit déjà faits.

Une vie si sainte devoit être suivie de la plus précieuse mort. Ce fut aussi dans les derniers momens de sa vie qu'elle nous édifia le plus par la pratique de ses vertus, et surtout par sa patience et par son union avec Dieu. Elle se trouva fort mal vers le temps où les hommes sont à la chasse dans les forêts, et où les femmes sont occupées depuis le matin jusqu'au soir dans la campagne. Alors ceux qui sont malades restent seuls le long du jour dans leur cabane avec un plat de blé d'inde, et un peu d'eau qu'on met le matin auprès de leur natte. Ce fut dans cet abandon que Catherine passa tout le temps de sa dernière maladie. Mais ce qui auroit accablé une autre de tristesse, contribuoit à augmenter sa joie, en lui fournissant de quoi augmenter son mérite. Accoutumée à s'entretenir seule avec Dieu, elle mettoit à profit sa solitude, et elle s'en servoit pour s'attacher davantage à son Créateur par des prières et par des méditations ferventes.

Cependant le temps de son dernier sacrifice approchoit, et ses forces diminuoient chaque jour. Elle baissa considérablement le mardi de la semaine sainte, et je jugeai à propos de lui donner le saint viatique, qu'elle reçut avec ses sentimens ordinaires de piété. Je voulois lui administrer en même temps l'extrême-onction; mais elle me dit que rien ne pressoit encore, et sur sa parole, je crus pouvoir différer jusqu'au lendemain matin. Elle passa le reste du jour et la nuit suivante dans de ferveus entretiens avec Notre Seigneur, et avec la sainte vierge. Le mercredi matin elle reçut la dernière onction avec les mêmes sentimens de piété, et, sur les trois heures après midi, après avoir prononcé les saints noms de Jésus et de Marie, elle entra dans une douce agonie, après quoi elle perdit tout-à-fait l'usage de la parole. Comme elle conserva une parfaite connoissance jusqu'au dernier soupir, je m'aperçus qu'elle s'efforçoit de former intérieurement tous les actes que je lui suggérois. Après une petite demi-heure d'agonie, elle expira paisiblement, comme si elle fût entrée dans un doux sommeil.

Ainsi mourut Catherine Tegahkouita, dans la vingt-quatrième année de son âge, ayant rempli cette mission de l'odeur de ses vertus, et de l'opinion qu'elle y laissa de sa sainteté. Son visage, qui avoit été extrêmement exténué par ses maladies et par ses austérités continuelles, parut si changé et si agréable quelques momens après sa mort, que les sauvages qui étoient présens ne pouvoient en marquer assez leur étonnement, et qu'on eût dit qu'un rayon de la gloire, dont il y avoit lieu d'espérer qu'elle venoit de prendre possession, rejaillissoit jusque sur son corps. Deux François, qui venoient de la prairie de la Madeleine, pour assister le jeudi matin au service, la voyant étendue sur sa natte avec ce visage si frais et si doux, se dirent l'un à l'autre : Voilà une jeune femme qui dort bien paisiblement. Mais ils furent bien surpris quand ils apprirent un moment après que c'étoit le corps de Catherine qui étoit décédée ; ils retournèrent aussitôt sur leurs pas, ils se mirent à genoux à ses pieds, et se recommandèrent à ses prières. Ils voulurent même donner une marque publique de la vénération qu'ils avoient pour la défunte, en faisant faire à l'instant un cercueil pour enfermer ces saintes reliques.

Je me sers de ce terme, mon révérend

père, avec d'autant plus de confiance, que Dieu ne tarda pas à honorer la mémoire de cette vertueuse fille, par une infinité de guérisons miraculeuses qui se sont faites après sa mort, et qui se font encore tous les jours par son intercession. C'est ce qui est connu, non-seulement des sauvages, mais encore des François qui sont à Québec et à Montréal, et qui viennent souvent à son tombeau pour y accomplir leurs vœux, ou pour la remercier des grâces qu'elle leur a obtenues du ciel. Je pourrois vous rapporter ici un grand nombre de ces guérisons miraculeuses, qui ont été attestées par des gens dont les lumières et la probité ne peuvent être suspectes; mais je me contente de vous faire part du témoignage de deux personnes remplies de vertu et de mérite, qui ont éprouvé eux-mêmes le pouvoir de cette sainte fille auprès de Dieu, et qui ont cru devoir en laisser un monument public à la postérité, pour satisfaire tout à la fois et leur piété et leur reconnaissance.

Le premier témoignage est de M. de la Colombière, chanoine de la cathédrale de

Québec, grand vicaire du diocèse. Il s'explique en ces termes :

« Ayant été malade à Québec l'année passée, depuis le mois de janvier jusqu'au mois de juin, d'une fièvre lente, contre laquelle tous les remèdes avoient été inutiles, et d'un flux que l'ipécacuanha même n'avoit pu guérir ; on jugea à propos que je fisse le vœu, au cas qu'il plût à Dieu de faire cesser ces deux maladies, de monter à la mission de saint François Xavier, pour prier sur le tombeau de Catherine Tegahkouita. Dès le jour même la fièvre cessa, et le flux étant beaucoup diminué, je m'embarquai quelques jours après pour m'acquitter de mon vœu. A peine eus-je fait le tiers du chemin que je me trouvai parfaitement guéri. Comme ma santé est quelque chose de si inutile que je n'aurois osé la demander, si la déférence que je dois avoir pour les serviteurs de Dieu ne m'y avoit obligé, on ne peut raisonnablement s'empêcher de croire que Dieu, en m'accordant cette grâce, n'a point eu d'autre vue que celle de faire connoître le crédit que cette bonne fille a auprès de lui. Pour moi, je craindrois de retenir la vérité dans l'injustice, et de refuser aux missions du Canada la gloire qui leur est due, si je ne témoignois, comme je fais, que je suis redevable de ma guérison à cette vierge iroquoise. C'est pourquoi je donne la présente attestation avec tous les sentimens de reconnoissance dont je suis capable, pour augmenter, si je puis, la confiance que l'on a en ma bienfaitrice, mais encore plus pour exciter le désir d'imiter ses vertus. Fait à Villemarie, le 14 septembre 1696.

J. DE LA COLOMBIÈRE,

P.-J. Chanoine de la Cathédrale de Québec.

Le second témoignage est de M. de Luth, capitaine d'un détachement de la marine, et commandant au fort Frontenac. C'est ainsi qu'il parle :

« Je soussigné, certifie à qui il appartiendra, qu'étant tourmenté de la goutte depuis vingt-trois ans, avec de si grandes douleurs qu'elle ne me donnoit pas du repos l'espace de trois mois, je m'adressai à Catherine

Tegahkouita, vierge iroquoise, décédée au Sault Saint-Louis en opinion de sainteté, et je lui promis de visiter son tombeau, si Dieu me rendoit la santé par son intercession. J'ai été si parfaitement guéri à la fin d'une neuvaine que je fis faire à son honneur, que depuis quinze mois je n'ai senti aucune atteinte de mes gouttes. Fait au fort Frontenac, ce 15 août 1696.

» J'ai cru que le récit des vertus de cette sainte fille, née au milieu de la gentilité et parmi les sauvages, pourroit servir à édifier les personnes qui, étant nées dans le sein du christianisme, ont encore de plus grands secours pour s'élever à une haute sainteté. J'ai l'honneur d'être, etc.

J. du Luth,

Capitaine d'un détachement de la marine, commandant du fort de Frontenac. »

FIN.

BIBLIOTHÈQUE NATIONALE R.F. IMPRIMÉS

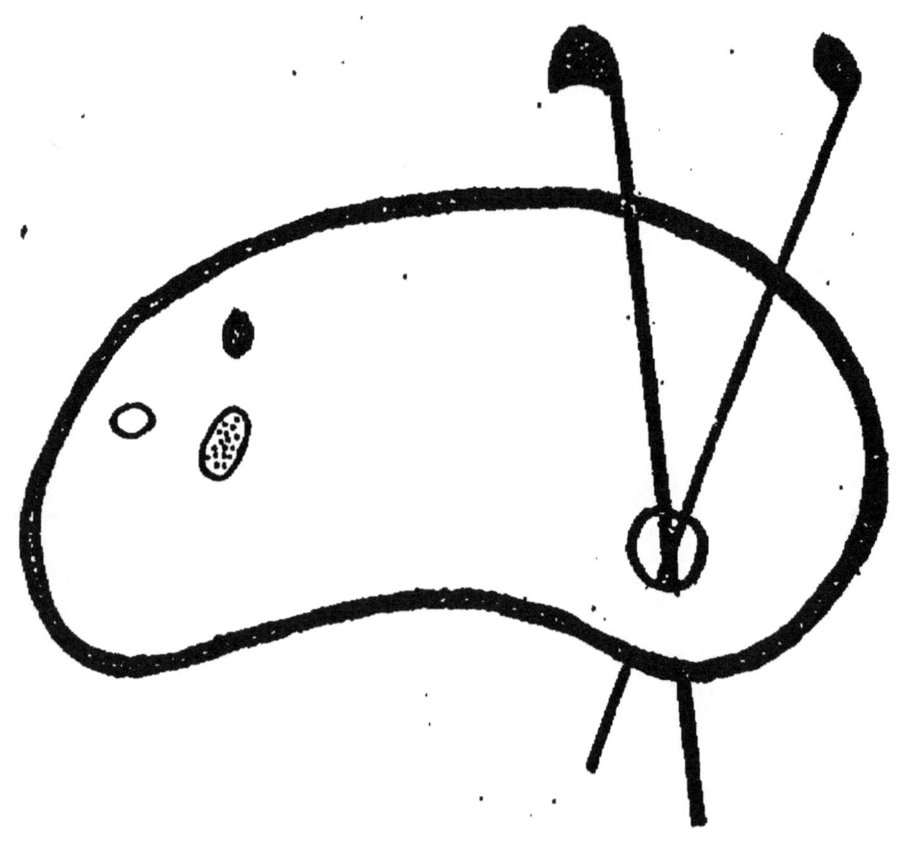

ORIGINAL EN COULEUR
NF Z 43-120-8

www.ingramcontent.com/pod-product-compliance
Lightning Source LLC
LaVergne TN
LVHW020448230826
846091LV00004B/1598

* 9 7 8 2 0 1 6 1 7 8 5 1 5 *